Lin Hallberg

Billie und das kleine Fohlen

Lin Hallberg,
geboren 1956, wuchs in der Nähe von Stockholm auf. Seit ihr Vater sie als
kleines Mädchen in die Spanische Hofreitschule in Wien mitnahm, liebt sie
Pferde über alles. Heute besitzt sie einen eigenen kleinen Reiterhof mit ganz
vielen Shetlandponys, auf dem auch der „echte" Billie lebte.

Margareta Nordqvist,
geboren 1953, ist eine schwedische Künstlerin, Illustratorin und Autorin
diverser Kinder- und Jugendbücher.

Lin Hallberg

Billie und das kleine Fohlen

Zeichnungen von Margareta Nordqvist

Aus dem Schwedischen
übersetzt von Maike Dörries

Arena

Weitere Bücher in dieser Reihe:
Alle lieben Billie
Frechdachs Billie, liebster Freund
Du schaffst das, Billie!
Neue Freunde für Billie
Billies großes Abenteuer
Billie. Mein liebstes Pony-Mal- und Rätselbuch

MIX
Papier aus verantwor-
tungsvollen Quellen
FSC® C110508

Titel der schwedischen Originalausgabe: *April, April, Sigge*,
erschienen im Bonnier Carlsen Bokförlag, Stockholm
Text © Lin Hallberg 2006
Illustrationen © Margareta Nordqvist 2006

1. Auflage 2017
© für die deutsche Ausgabe: Arena Verlag GmbH, Würzburg 2008
Alle Rechte vorbehalten
Aus dem Schwedischen übersetzt von Maike Dörries
Einband- und Innenillustrationen: Margareta Nordqvist
Covergestaltung: Milena Schlosser
Reihengestaltung: Maria Proctor
Gesamtherstellung: Westermann Druck Zwickau GmbH
ISBN 978-3-401- 45456-6

www.arena-verlag.de

Inhalt

Traumhaft leckere Fleischklößchen

Elina und ihre Ponyfreundinnen Hanna, Matilda
und Agnes können es kaum erwarten. Heute ist
Donnerstag – ihr Ponynachmittag im Reitstall.
Und heute ist es besonders aufregend, weil
Elina, Hanna, Matilda und Agnes zum ersten Mal
alleine mit dem Bus von der Schule zum Stall
fahren! In der großen Pause spielen sie, dass sie
Pflegerinnen ihrer Lieblingsponys sind. Sie tun
so, als hätten sie zwischen den Bäumen einen
Stall, und wechseln sich als Ponys ab. Matilda
als Billie ist kaum zu bändigen. Elina muss sie
laut und streng zurechtweisen.

»Jetzt reiß dich aber mal zusammen, Billie!«
Billie ist das frechste, süßeste Pony auf der

ganzen Welt. Jedenfalls, wenn man Elina fragt.
Zum Glück haben Elina, Hanna, Matilda und
Agnes unterschiedliche Lieblingsponys im Stall.
Agnes mag Japp am liebsten. Elina bringt als
Japp alle zum Lachen. Sie gähnt andauernd und
schlurft träge hinter Agnes her.

»Japp ist eine lahme Schnecke«, frotzelt
Matilda.

»Er schafft es kaum, die Hufe vom Boden zu
heben«, lacht Hanna.

»Ich finde es gut, dass er so ruhig ist«, sagt
Agnes ein bisschen eingeschnappt.

Die Mädchen streiten sich oft wegen der
Ponys. Immer geht es darum, wer am meisten
weiß und wer am besten reiten kann.

Ihre Reitlehrerin Ingela erklärt ihnen immer
wieder, dass sie lernen müssen, sich gegenseitig
zu unterstützen und keinen Unterschied
zwischen den Ponys zu machen.

»Ich mag Japp auch. Mit ihm kann man klasse
ohne Führer reiten«, stimmt Elina Agnes zu.

»Alle unsere Ponys sind klasse«, sagt Matilda.
Matildas Lieblingspony ist Sam, Sigges älterer
Bruder. Jetzt schnalzt sie Hanna zu, die Sam
spielt, worauf Hanna einen hohen Bocksprung
macht.

»Sam!«, schimpft Matilda. »Benimm dich!«

Danach tauschen Hanna und Matilda. Matilda spielt jetzt Molly, Hannas Lieblingspony.

»Molly zu spielen, ist langweilig«, nörgelt Matilda. »Sie macht nie irgendwelchen Blödsinn.«

»Das ist ja grade das Gute«, protestiert Hanna.

Zum Glück klingelt in diesem Moment die Schulglocke. Die Mädchen galoppieren in ihr Klassenzimmer.

»Da kommen ja meine Wildpferde«, sagt die Lehrerin und lacht.

Bevor die Klasse an diesem Tag zum Mittagessen in die Schulkantine geht, verrät die Lehrerin ihnen ein Geheimnis.

Die Schüler sitzen mucksmäuschenstill und gebannt auf ihren Plätzen, als die Lehrerin ihnen im Flüsterton erzählt, dass es heute zwei Sorten Fleischklößchen gibt. Die eine ist wie immer, die andere ganz besonders lecker. Die besonders guten Fleischklößchen sind in einer Schale hinter der Essenstheke versteckt. Die bekommen nur die Kinder, die den geheimen Spruch aufsagen können.

»Und jetzt hört genau zu, was ich euch sage.«

Die Lehrerin spricht so leise, dass man sie kaum versteht.

Elina beugt sich über ihre Bank.

»Zuerst einmal müssen wir mucksmäuschenstill sein, wenn wir die Kantine betreten«, flüstert die Lehrerin. »Und dann müssen wir den Frauen an der Essensausgabe zuflüstern: *Ihr Liebsten, Besten, bitte, bitte, gebt mir ein paar von den traumhaft leckeren Fleischklößchen.*«

Als die Lehrerin aufsteht und zur Tür geht, kommt Leben in die Schüler.
Wie sollen sie sich das merken?

Was hat die Lehrerin noch gleich gesagt?
»Schhhh!«

Die Lehrerin legt den Finger an die Lippen und
weigert sich, den Satz noch einmal zu
wiederholen. Sie wartet, bis alle ganz leise sind,
bevor sich die Karawane in Bewegung setzt.
Elina wiederholt die Worte immer wieder in ihrem
Kopf. Sie möchte zu gerne welche von den extra
leckeren Fleischklößchen haben.

Elina kriegt keinen Ton heraus, als sie an der Reihe ist. Aber am Ende schafft sie es, den Spruch aufzusagen. Die Frauen nicken ernst und füllen Fleischklößchen auf Elinas Teller.

An Elinas Tisch wird laut gekichert, weil sich alle so über ihre Traumfleischklößchen freuen.

»Mmh, sind die lecker«, sagt Matilda.

»Die besten Fleischklößchen, die ich je gegessen habe«, nuschelt Elina mit vollem Mund.

Selbst Agnes, die normalerweise keine Fleischklößchen isst, kann gar nicht genug kriegen.

Nach einer Weile werden sie auf ihre Lehrerin aufmerksam, die am Ende der Tischreihe sitzt und sich kaum noch halten kann vor Lachen.

»Na, schmeckt es euch?«, fragt sie lachend.

»Einsame Spitze«, antworten alle.

Da lacht die Lehrerin so herzlich los, dass ihr Tränen kommen.

»April, April«, prustet sie.

Oh nein! Elina, Hanna, Matilda und Agnes und die anderen Schüler sehen sich an. Ihre Lehrerin hat sie reingelegt!

»Wie gemein!«, rufen sie.

Aber sie sind nicht böse deswegen. Schließlich sind sie selber schuld, dass sie nicht dran gedacht haben, dass heute der erste April ist. Am ersten April darf man sich Lügengeschichten ausdenken. Und die ihrer Lehrerin war wirklich lustig. In der nächsten Pause überlegen sie, wie sie es ihrer Lehrerin »heimzahlen« können.

Nach der Pause kommen die Mädchen in die Klasse gelaufen und rufen aufgeregt, dass Addi und Mattias sich auf dem Schulhof prügeln.

Die Lehrerin läuft mit der Klasse im Schlepptau auf den Schulhof, wo Addi und Mattias sie breit grinsend und Arm in Arm erwarten.

»April, April!«, rufen die Kinder begeistert.

Wenn es nach den Mädchen ginge, könnte immer erster April sein. Das war der lustigste Schultag seit Langem. Sie lachen noch immer, als sie in den Bus steigen.

Bis zur Abfahrt des Busses ist es noch eine Weile hin. Die Mädchen erzählen dem Busfahrer, dass sie zum Stall wollen, zur Reitstunde, und dass sie das erste Mal alleine mit dem Bus fahren.

Sie setzen sich auf die Klappsitze in der Mitte des Busses. Elina und Matilda sitzen auf der einen Seite, Hanna und Agnes auf der anderen.

Obwohl Elina die Strecke schon tausendmal

gefahren ist, findet sie es wahnsinnig aufregend, als der Bus losrollt. Die Mädchen gucken aufmerksam aus dem Fenster. Sie wollen auf keinen Fall ihre Haltestelle verpassen. Matilda soll den Halteknopf drücken, weil sie am nächsten dran sitzt.

»Jetzt!«, schreien sie, als ganz weit weg der Stall zu sehen ist.

Die Mädchen raffen ihre Schultaschen und die Rucksäcke mit den Reitsachen zusammen.

Die Reithelme haben sie schon aufgesetzt. Es ist gar nicht so einfach, das Gleichgewicht zu halten.

Aber der Bus fährt an der Haltestelle vorbei. Die Mädchen sehen sich entgeistert an.

»Wir müssen hier raus«, rufen sie, aber der Fahrer scheint sie nicht zu hören.

Elina nimmt allen Mut zusammen und schwankt durch den Mittelgang nach vorne, um Bescheid zu sagen. Gleich haben sie die Auffahrt zum Stall erreicht.

»Bitte schön«, sagt der Fahrer und hält an. »Seit heute haben wir eine neue Haltestelle.«

»Oh«, sagt Elina. »Wir dachten schon, Sie hätten uns vergessen.«

»Ihr habt so viel zu schleppen«, sagt der Fahrer freundlich. »Und da der Bus ansonsten leer ist, dachte ich . . .«

»Danke!«

»Viel Spaß beim Reiten.«

Es ist jedes Mal spannend, den Stall zu betreten. Selig atmet Elina den Pferdeduft ein. Endlich wieder Donnerstag! Es ist kein einziges Pony im Stall, aber die großen Mädchen sind schon da. Sie plappern durcheinander und lachen, während sie sich in der Sattelkammer umziehen.

Elina, Hanna, Matilda und Agnes bleiben vor der Tafel im Eingang stehen.

Ingela hat die Namen der Ponys auf die Tafel geschrieben. Mehr nicht. Das heißt, dass heute wieder Ponytausch ist. Das passiert alle vier Wochen. Und da Elina Billie jetzt viermal geritten hat, muss sie ihn heute abgeben.

Sie hat ein Ziehen im Bauch, aber eigentlich ist es auch spannend. Elinas Patin Josie und Elina haben abgesprochen, dass sie Sam nehmen wollen.

»Hat alles gut geklappt mit dem Bus?«

Die Mädchen haben Ingela gar nicht kommen hören.

Ach du je, was ist denn mit Ingela los? Sie

stützt sich auf einen Stock und hüpft auf einem Bein.

»Ich bin auf der Weide umgeknickt«, erzählt Ingela, als die Mädchen wissen wollen, was passiert ist. »Attack hat gebockt.«

Attack ist erst ein Jahr alt. Er wird Ingelas neues Springpferd, wenn er größer ist. Aber bis dahin dauert es noch eine Weile.

»Tut's sehr weh?«, fragen die Mädchen mitfühlend.

»Es wird bestimmt bald wieder besser«, antwortet Ingela.

»Schade, dann wird wohl nichts aus unserem Ausritt«, sagt Elina mit einem tiefen Seufzer.

»Du könntest doch auf Bacardi nebenherreiten«, schlägt Matilda vor.

»Oh ja!«, rufen Elina, Hanna und Agnes im Chor.

Es ist toll, wenn Ingela auf ihrem großen Pferd reitet. Auch wenn sie sich dann ein bisschen wie Ameisen neben ihr fühlen.

»Nein, das geht nicht. Bacardi hat ein Hufeisen verloren. Aber uns wird schon eine Lösung einfallen. Ich könnte doch auf Billie reiten.«

»Oh nein!«

Elina sieht Ingela erschrocken an. Wie soll der arme kleine Billie die erwachsene Ingela tragen? Das geht doch nie im Leben!

April, April, Billie

Elina und ihre Patin Josie melden sich als
Einzige, als Ingela fragt, wer Sam reiten möchte.
Als Ingela ihre Namen hinter Sam auf die Tafel
schreibt, stupst Josie Elina in die Seite und
verzieht den Mund. »Dann wollen wir mal hoffen,
dass er dich nicht abwirft«, flüstert sie.

Elina wird mulmig. Sam macht gerne Unfug,
wenn ihm langweilig ist. Am liebsten macht er
eine blitzschnelle Kehrtwende, wenn man am
wenigsten damit rechnet. Da ist es fast
unmöglich, sich im Sattel zu halten.

Jedenfalls für die kleineren Mädchen, die noch
nicht so sicher sind.

Matilda und ihre Patin Linda kriegen Molly.

Nicht weil sie es sich wünschen, sondern weil Ingela es so will.

»Molly ist langweilig«, sagt Linda seufzend.

»Das ist doch grad der Vorteil«, sagt Ingela. »Da könnt ihr euch ganz aufs Reiten konzentrieren.«

Linda seufzt noch einmal, aber Matilda ist zufrieden. Matilda ist als einzige der Jüngeren schon mal abgeworfen worden. Das ist schon eine ganze Weile her, aber der Schreck steckt ihr immer noch ein wenig in den Knochen.

Agnes und ihre Patin Sara kriegen Nanou. Ingela will nichts davon hören, dass Agnes Nanou nicht mag, weil Nanou angeblich beißt.

»Du musst einfach ein bisschen bestimmter mit ihr sein. Nanou ist lieb zu allen, die ihr deutlich sagen, wo's langgeht«, erklärt Ingela. »Warte ab, bis du auf ihr sitzt. Nanou ist ein klasse Reitpferd!«

Hanna und ihre Patin Jenny kriegen Japp.

Im Grunde genommen sind wie immer alle

zufrieden mit der Aufteilung, weil alle Ponys auf ihre Weise toll sind.

Als sie auf die Weide gehen, um die Ponys aufzuzäumen, bittet Ingela Josie, Billie für sie zu holen. »Armer Billie«, flüstert Elina leise, sodass nur Josie es hört.

»Ach, das schafft er schon«, sagt Josie. »Auf den Shetlandinseln reiten alle Erwachsenen auf Shetties. Die haben mehr Kraft, als man glaubt.«

Sam und Billie stehen nebeneinander und zupfen an einer schneefreien Stelle Grashalme. Es dauert Ewigkeiten, bis Elina Sam so weit bringt, dass er den Kopf hebt, aber kaum will sie ihm das Halfter überziehen, senkt er den Kopf und zupft weiter Grashalme.

»Sam!« Elina zieht an Sams Stirnmähne.

»Du musst noch energischer sein«, sagt Josie. Sie hat Billie das Halfter angelegt.

»Sam steht da wie festgewachsen«, schnauft Elina.

»Schieb ihn zur Seite«, sagt Josie.

Elina stemmt sich gegen Sam, bis er notgedrungen einen Schritt zur Seite macht. Sie schafft es sogar, ihm das Halfter über die Nase zu ziehen, aber im nächsten Augenblick schüttelt er es wieder ab und Elina kann von vorne anfangen.

»Es geht nicht«, sagt Elina.

»Natürlich geht es!« Jetzt klingt Josie genau wie Ingela.

Josie stellt sich auf die andere Seite von Sam und hält Sams Kopf fest, damit Elina ihm das Halfter überziehen kann.

Die Ponys verlieren ihren Winterpelz.

Elina hilft Ingela, Billie zu bürsten, während Josie sich um Sam kümmert. Es dauert nicht lange und der ganze Boden liegt voller Haarbüschel.

Der Boden um Billie herum ist weiß, bei Sam braun, bei Molly und Nanou schwarz und schwarz-weiß bei Japp.

Nach dem Bürsten fegen die Mädchen die Haare zusammen und bringen sie zum Misthaufen. Kaum sind die Mädchen weg, kommen die Vögel angeflogen, um sich die Pferdehaare zu holen.

»Jetzt wird es aber schön gemütlich in den Vogelnestern«, sagt Hanna.

»Himmlisch weich und kuschelig«, stimmt Elina ihr zu und legt ihre Wange an Billies Mähne.

Billie liebt es, gebürstet zu werden. Der alte Winterpelz juckt und ist schrecklich warm.

Als Elina Billie vorsichtig mit der Drahtbürste unterm Kinn krault, schließt er genüsslich die Augen und sieht aus, als würde er schlafen.

Ingela sitzt mit ausgestrecktem Bein auf einem Hocker. Sie kontrolliert bei allen Ponys, dass Sattel und Zaumzeug richtig sitzen, bevor sie von der Weide gehen. Die Mädchen sind fast genau so haarig wie die Ponys. Am besten sind Billies weiße Haare auf Elinas dunklem Pullover zu sehen.

»So wie ihr ausseht, müsst ihr euch

gegenseitig abschrubben, bevor ihr nach Hause geht«, lacht Ingela.

Sie stellen sich in einer langen Reihe auf dem Hofplatz auf. Zuerst kommt Billie, gefolgt von Sam, Nanou, Molly und Japp. Die Ponys stehen immer in der gleichen Reihenfolge. Ingela hat ihnen erklärt, dass Ponys Gewohnheitstiere sind. Sie fühlen sich sicher, wenn die Abläufe immer gleich sind. Und das mindert das Risiko für Unfälle.

Billie macht einen Hüpfer zur Seite, bläht nervös die Nüstern auf und schielt Ingela misstrauisch an, als sie an ihrem Stock angehumpelt kommt.

»Ist ja gut, mein Kleiner«, sagt Ingela. »Ich bin's doch nur.«

Josie hat Mühe, Billie dazu zu bewegen, an seinen Platz zurückzugehen. Ingela schwingt das verletzte Bein mit einem Ruck über Billies Rücken und sitzt im Sattel. Ihre Füße reichen locker bis auf den Boden,

wenn sie die Beine streckt. Billies Ohren zucken
nervös hin und her.

»Hab dich nicht so, Billie«, sagt Ingela und
krault Billie unter der Mähne.

Die großen Mädchen sehen aus, als wollten
sie jeden Augenblick losprusten. Elina weiß
nicht, was sie denken soll. Billie sieht schrecklich
verzweifelt aus.

»Sind alle so weit?«

Die großen Mädchen lachen laut, als Ingela
Billie antreibt und er ein paar unentschlossene
Schritte macht.

Ingela redet streng auf Billie ein und bringt ihn

so in Stellung, dass er mit der Schnauze zu den anderen steht. Elina schnappt erschrocken nach Luft, als Ingela über Billies Hals nach vorne kippt. Es sieht aus, als würde sie runterfallen. Aber dann sieht Elina, dass Ingela lacht. »April, April!«

Ingela steigt von Billie ab. Ihrem Fuß fehlt plötzlich nichts mehr!

»Oh nein, nicht schon wieder!« Elina, Hanna, Matilda und Agnes können es nicht fassen.

»Uns kann man vielleicht leicht reinlegen.« Elina kichert.

Alle lachen laut los.

Die großen Mädchen rufen durcheinander, wie schwierig es war, sich nichts anmerken zu lassen. Elina muss sich auf Sams Hals abstützen, so doll muss sie lachen.

Da ist sie aber froh, dass alles nur ein Spaß war.

Jetzt, wo Billie schon mal gesattelt ist, übernimmt Josie auf ihm die Führung. Ingela geht neben Sam und Elina her. Sie sagt, dass das ein gutes

Training für Josie ist. Billie ist bei Ausritten nicht der Einfachste, weil er so viel Energie hat.

Der übliche Reitpfad ist vereist. Darum schlägt Ingela vor, sich einen neuen Weg zwischen den Bäumen zu suchen. Dort liegt immer noch Schnee und die Moosschicht unter der Schneedecke ist schön weich. Die Ponys staksen durch den hohen Schnee. Sie scheinen Spaß zu haben. Sam schnaubt ausgelassen und schüttelt übermütig den Kopf.

Sie wechseln sich an der Spitze ab.

Wer an der Spitze reitet, bestimmt den Weg. Als Elina an der Reihe ist, reitet sie im Slalom um die Bäume herum. Sam scheint es genauso viel Spaß zu machen wie Elina. Er wartet gespannt, was sie sich als Nächstes ausdenkt.

»Gut gemacht, Elina!«

Ingela lobt Elina für ihre gute Idee.

»Ihr müsst die Ponys bei Laune halten«, sagt sie. »Solange sie beschäftigt sind, denken sie sich keinen Unfug aus.«

Die großen Mädchen spielen Fangen zwischen den Bäumen. Meist im Schritt, aber wo es geht, auch im Trab.

Beim Fangenspielen ist Sam der Geschickteste. Er kann fast auf der Stelle kehrtmachen, wenn Elina es ihm erlaubt. Da haben die anderen keine Chance, ihn zu fangen.

Als Elina an diesem Abend mit ihren Eltern und ihrer kleinen Schwester Linnea beim Essen sitzt, erzählt sie begeistert, wie toll Sam ist und dass sie ein Lob von Ingela bekommen hat.

»Ist Sam jetzt dein Lieblingspony?«, will Linnea wissen.

»Niemals«, sagt Elina. »Billie ist und bleibt der

Beste.« Elina weiß gar nicht, wie sie es bis zum nächsten Donnerstag aushalten soll! »Das Beste wäre überhaupt, wenn die Woche nur Donnerstage hätte«, sagt sie und lacht.

Dann erzählt sie, dass sie in der nächsten Woche üben wollen, über niedrige Hindernisse auf dem Boden zu reiten.

»Die Hindernisse heißen auch Cavaletti«, erklärt Elina.

»Was du alles weißt«, sagt ihre Mutter bewundernd.

Ja, was ich alles weiß, denkt Elina beim Einschlafen. Und dann träumt sie ihren schönsten Traum. In diesem Traum gehört Billie ihr ganz allein und sie galoppiert mit ihm über weichen Moosboden durch den Wald.

Cavaletti

Elina und ihre Ponyfreundinnen üben die ganze
Woche Hindernisreiten. Dafür haben sie eine
Reitbahn in Elinas Garten aufgebaut. Der
Spaten, der Besen und die Harken sind die
Cavalettistangen. Elina hat sich die Armbanduhr
ihrer Mutter geliehen, damit sie die Zeit stoppen
können. Genau wie bei einem richtigen
Springturnier. »Ich kann es kaum erwarten, dass
wir endlich springen lernen«, seufzt Elina.

»Ich nicht«, sagt Matilda.

»Ich würde auch lieber einfach nur reiten.«
Hanna ist ganz Matildas Meinung.

»Wollt ihr denn gar nichts Neues lernen?«,
fragt Elina.

»Doch.« Hanna funkelt Elina sauer an.

Jetzt ist die Stimmung schon wieder so seltsam zwischen ihnen. Als Elinas Mutter die Mädchen zu einer kleinen Stärkung ins Haus ruft, schmollen sie. Elinas Mutter muss ihnen wie Würmer aus der Nase ziehen, was vorgefallen ist.

»Es lernt eben jeder von euch in seinem eigenen Tempo. Genau wie in der Schule. Erinnert ihr euch noch, dass ein paar von euch ganz schnell lesen konnten, während einige andere noch heute ihre Mühe damit haben. Das ist doch kein Grund, sich zu streiten!«

Wo Mama recht hat, hat sie recht. Die schlechte Laune ist wie weggeblasen.

»Wir können ja zugucken, wenn Elina springt«, sagt Matilda lachend.

»Springen?«, fragt Mama erschrocken.

»Keine Angst, ich springe nicht.« Elina grinst. »Obwohl ich es gerne würde.«

»Ja, aber das steht auf einem anderen Blatt.« Mama lacht.

Am nächsten Donnerstag fährt Hannas Vater
die Mädchen zum Stall. Er lässt sie unten an
der Straße raus. Sie wollen gerade um die
Wette zum Stall rennen, als sie Sam entdecken.
Seine zottelige Mähne lugt hinter einem
Gebüsch hervor.

»Hat Ingela die Pferde umgestellt?«

Die Mädchen schauen sich um. Die anderen
Ponys und Pferde sind wie üblich auf der Weide.

»Sam!« Als Sam seinen Namen hört, hebt er
den Kopf und schaut zu den
Mädchen herüber. Aber als
sie auf ihn zugehen, ruckt
er zur Seite und trabt
ein Stück weg.
Plötzlich haben
die Mädchen es
sehr eilig. Sie
laufen zum Stall,
so schnell sie
können, aber da ist

niemand. Also laufen sie weiter zu dem Haus, wo Ingela wohnt.

»Ingela! Ingela! Sam ist von der Weide ausgerissen!«, schreien Elina, Hanna, Matilda und Agnes durcheinander, als sie die Haustür erreichen.

»Ist es also mal wieder so weit.« Ingela zieht sich seufzend die Stiefel an.

»Er steht am Straßenrand und grast«, keuchen die Mädchen atemlos.

»Sam ist ein hoffnungsloser Fall«, sagt Ingela. »Jedes Jahr das Gleiche. Sobald die ersten Grashalme sichtbar werden, büchst er von der Weide aus.«

Ingela läuft mit großen Schritten zum Stall. Die Mädchen müssen rennen, um mit ihr mitzuhalten.

»Was ist, wenn wir ihn nicht einfangen?«, fragt Matilda besorgt. »Oder wenn er auf die Straße läuft?«

»Sam ist ein Leckermaul.« Ingela geht in die

Sattelkammer und schüttet etwas Hafer in einen Eimer. »Ihr werdet schon sehen.«

Ingela fordert die Mädchen auf, auf dem Sattelplatz zu bleiben, während sie Sam einfängt.

»Wenn wir alle auf einmal angerannt kommen, lässt er sich niemals einfangen«, sagt sie.

Als Ingela den Hafer in dem Eimer hin und her schüttelt, hebt Sam neugierig den Kopf.

Wenige Sekunden später steckt er sein Maul in den Eimer und lässt sich widerstandslos das Halfter überziehen.

»So, genug, du Frechdachs«, sagt Ingela und zieht den Eimer weg.

»Armer Sam«, sagt Matilda mitleidig.

Aber Sam sieht nicht sehr bedauernswert aus, als er hinter Ingela hertrabt. Er sieht eher so aus, als würde er bereits überlegen, was er als Nächstes ausfressen kann.

»Aber wie hat Sam es geschafft, von der Weide zu kommen?«, fragt Hanna.

»Ich habe nie rausgekriegt, wie er das

anstellt«, sagt Ingela. »Aber ich vermute, dass er unter dem Elektrozaun durchrollt.«

»Das geht doch nicht«, meint Matilda.

»Bei Sam offenbar schon«, lacht Ingela.

In der Zwischenzeit sind die großen Mädchen auch eingetroffen. Es ist ziemlich eng in der Sattelkammer, wenn sich alle gleichzeitig umziehen.

Wenig später liegen die Kleider wild durcheinander auf den Bänken verteilt.

Sam steht alleine in seiner Box und wartet. Es dauert nicht lange, bis er ungeduldig wird und anfängt, mit einem Vorderhuf zu scharren. Sam mag nicht alleine im Stall sein.

»Selber schuld.« Linda versucht, Sam zu beruhigen. Solange Linda bei Sam steht, verhält er sich ruhig, aber kaum dreht sie ihm den Rücken zu, fängt das Scharren wieder an.

»Sam kann nicht alleine sein«, stellt Linda fest.

»Daran hätte er denken sollen, bevor er ausgebüxt ist«, meint Ingela.

Während sich die Mädchen um die Ponys kümmern, hängt Ingela einen Zettel an die Anschlagtafel.

Ab jetzt kann man sich für das Reitlager im Sommer anmelden. Die großen Mädchen tragen sofort ihre Namen in die Liste ein. Dahinter schreiben sie, welches Pony sie am liebsten hätten, und malen Herzen und Blumenranken um die Namen.

Bei der Pause in der Sattelkammer nimmt Elina ihren ganzen Mut zusammen.

»Wir wollen auch ins Reitlager.«

»Das hab ich mir fast schon gedacht!« Ingela lacht.

»Heißt das, wir dürfen?«

»Bis dahin dauert es noch eine ganze Weile.«

Ingela sieht die jüngeren Mädchen
nachdenklich an.

»Wer ins Reitlager will, muss sich trauen, ohne
Führer zu reiten«, sagt sie schließlich.

»Klar trauen wir uns das!«

Elina sieht ihre Ponyfreundinnen auffordernd
und mit roten Wangen an.

»Ich weiß nicht, ob ich mitdarf«, nuschelt
Matilda.

»Es ist noch nicht sicher, ob wir in Urlaub
fahren«, sagt Agnes.

»Ich komme nur mit, wenn ich auf Molly reiten
darf«, sagt Hanna.

Ingela sagt, dass das jetzt noch nicht entschieden werden kann. Zuerst einmal sollen sie sich genau überlegen, ob sie wirklich mitwollen, und dann ihre Eltern fragen, ob die es ihnen erlauben. Danach können sie noch einmal darüber reden. Ingela bremst Elina, die noch mehr über das Reitlager wissen will. Jetzt ist es Zeit, die Ponys zu satteln und auf die Reitbahn zu gehen.

»Guck mal, Billie will auch mit.«

»Billie mag nur nicht alleine auf der Weide bleiben«, erklärt Ingela.

»Wieso darf Billie nicht mit?«, fragt Elina.

»Weil wir heute mal ganz in Ruhe reiten wollen«, sagt Ingela und lacht.

»Dann dürfte Sam aber auch nicht mitkommen«, sagt Josie.

Elina würde am liebsten zu Billie gehen, um ihn zu trösten. Er sieht so traurig aus. »Das ist ungerecht«, meint sie.

»Nächsten Donnerstag ist eins der anderen

Ponys dran, sich auszuruhen«, sagt Ingela. »Auch die Ponys müssen sich abwechseln.«

Elina, Hanna, Matilda und Agnes sitzen auf. Die großen Mädchen helfen ihnen, die Steigbügelriemen einzustellen. Das ist das Schwierigste. Um an die Schnalle ranzukommen, muss man sich seitwärts nach unten beugen. Und in dieser Haltung lässt sich nur schwer sagen, wie lang er sein muss. Von Ingela haben sie gelernt, dass der Steigbügel bei gestrecktem Bein in Knöchelhöhe hängen muss. Aber heute sollen sie die Steigriemen zwei Löcher kürzer machen als üblich.

Damit sie sich besser im Sattel aufrichten können, wenn sie über die Cavalettistangen reiten.

Elina, Hanna, Matilda und Agnes reiten ganz alleine am Rand der Reitbahn entlang. Als Elina an Billie vorbeikommt, flüstert sie ihm zu: »Im Reitlager können wir dann den ganzen Tag zusammen sein.«

Die großen Mädchen helfen Ingela, fünf

Stangen auf die Bahn zu tragen und hintereinander vor die lange Bahnseite zu legen. Kurz darauf fordert Ingela die Mädchen auf, sich auf der Mittellinie aufzustellen. Die Mittellinie verläuft quer durch die Reitbahn von der Mitte der einen Kurzseite zur Mitte der anderen Kurzseite.

»Jetzt stellt euch in den Steigbügeln auf und drückt die Hacken nach unten.« Ingela geht herum und zeigt ihnen, was sie machen sollen.

»Das Hinterteil ein ganz klein bisschen aus dem Sattel heben. Die Hände liegen ruhig an der Mähne.«

»Ich kann das nicht«, sagt Matilda, als Ingela ihr sagt, dass sie anfangen soll.

»Das klappt bestimmt ganz wunderbar«, macht Ingela ihr Mut. »Wart's nur ab.«

Ingela läuft neben Matilda her und hat eine Hand auf ihren Schenkel gelegt. Molly trabt mit hohen Schritten über die Stangen. Als Matilda zurück an die Mittellinie kommt, strahlt sie wie ein Honigkuchenpferd.

»Das macht vielleicht Spaß«, teilt sie den anderen mit.

»Was hab ich gesagt.« Ingela klopft Matilda auf die Schulter. »Man muss es wenigstens versuchen.«

Elina möchte gerne alleine reiten, als sie an der Reihe ist.

»Ich glaube, ich kriege das hin«, sagt sie.

»Meinetwegen.« Ingela lächelt Elina zu. »Aber

beim ersten Mal ist es nicht ganz einfach, zu lenken und gleichzeitig in den Steigbügeln zu stehen.«

»Ich will aber«, sagt Elina energisch.

Da bockt Sam. Er will bei den anderen Ponys bleiben. Sosehr Elina auch die Schenkel zusammenpresst, sie kommt nie weiter als ein paar Meter, ehe Sam wieder stehen bleibt.

»Sei noch energischer.« Ingela zeigt Elina, was sie tun muss. »Wenn du nach rechts willst, musst du dafür sorgen, dass ihr tatsächlich

rechts herum reitet. Du darfst ihm seinen
Dickkopf nicht durchgehen lassen.«

Elina drückt die Schenkel zusammen und
gibt die Richtung an. Aber schon nach wenigen
Metern wirft Sam sich herum, obwohl Elina ihm
mit dem Zügel zeigt, in welche Richtung sie
will.

Ingela schnalzt mit der Zunge,
um Sam anzutreiben.

Sam geht ein paar Meter, aber
dann kehrt er um und sie muss
noch einmal von vorne anfangen.

»Nimm beide Zügel in eine
Hand«, sagt Ingela.
»Und schlag einmal
leicht mit der
Gerte hinter
den Sattel.«

Elina
macht es
genau so,

wie Ingela es gesagt hat. Es ist gar nicht so einfach, an alles zu denken.

Elina schlägt ganz leicht mit der Gerte hinter Sams Sattel, worauf Sam einen jähen Hüpfer macht. Elina kippt vornüber, und als Sam lostrabt, rutschen ihre Füße aus den Steigbügeln und sie gleitet fast aus dem Sattel.

»Hoppla!«

In letzter Sekunde, ehe sie aus dem Sattel fällt, fängt Ingela Elina auf.

»Soll Josie mit dir springen?«

Elina schüttelt den Kopf. Sie will das hier alleine schaffen. Damit Ingela sieht, dass sie ohne Führer reiten kann. Ingela hilft Elina, die Zügel zu sammeln und die Füße wieder in die Steigbügel zu schieben.

»Diesmal klappt es sicher besser«, sagt Ingela. »Sam testet seine Reiter gern erst einmal aus.«

Am Anfang geht Ingela hinter Elina und Sam her. Als sie sieht, dass Sam schon wieder umkehren will, ruft sie laut. Dadurch wird Sam abgelenkt. Elina kann es kaum glauben, aber Sam hat offensichtlich beschlossen, in dem vorgegebenen Rechteck zu reiten.

»Es geht doch«, ruft Ingela zufrieden. »Das sieht schon viel besser aus.«

Elina versucht, alles genau so zu machen, wie Ingela es gesagt hat. Sie reitet möglichst mittig auf die Stangen zu. Kurz vor der ersten Stange stellt sie sich in den Steigbügeln auf und drückt die Hacken nach unten.

»Und jetzt stillstehen«, ruft Ingela. »Guck genau zwischen Sams Ohren nach vorne.«

Hoppel, hoppel, hoppel . . . Sam hebt die Beine ziemlich hoch, lustig fühlt sich das an. Elina sieht Ingela an. Läuft doch super?, fragt sie mit ihrem Blick. Diesen kleinen Augenblick der Unaufmerksamkeit nutzt Sam für eine seiner berühmten Kehrtwendungen. Ehe Elina weiß, wie ihr geschieht, sitzt sie auf dem Po im Sand.

»Alles in Ordnung?«, fragt Ingela.

Elina tastet sich ab. Es ging alles so schnell,

dass sie nicht einmal Zeit hatte, Angst zu kriegen.

»Nichts passiert«, sagt Elina verdutzt.

Ingela zieht sie vom Boden hoch und klopft ihr den Sand von der Hose. Währenddessen steht Sam in einer Ecke und erforscht, ob es dort was zu fressen gibt.

Aber dabei schielt er immer wieder zu ihnen rüber. Elina ahnt seinen frechen Blick unter der zotteligen Mähne. »Das war gar nicht so schlimm.« Elina lacht erleichtert.

»Ja, die meisten Stürze gehen glimpflich aus«, sagt Ingela. »Wer reitet, muss damit rechnen, auch mal runterzufallen. Das gehört dazu.«

Ingela holt Sam. Elina muss wieder aufsitzen und darf sich ein wenig von dem Schreck erholen, während Agnes und Hanna über die

Cavalettistangen reiten. Zum Abschluss sollen sie in einer Reihe hintereinander weg über die Stangen reiten.

»Wenn das vordere Pony alles richtig macht, folgen die anderen ihm einfach.« Ingela will, dass Matilda mit Molly an der Spitze reitet. Linda läuft neben ihr her. So schaffen die anderen hinter ihr es auch ohne Führung.

»Alle verlassen sich auf dich«, feuert Ingela Matilda an.

Elina hat den Blick auf Mollys Hinterteil gerichtet. Sam ist plötzlich ganz brav. Elina muss

ihn fast ein bisschen bremsen, damit er nicht zu nah auf Molly aufreitet. Es ist ein herrliches Gefühl, so über die Stangen hinwegzureiten. Wenn es nach Elina ginge, würde sie am liebsten den ganzen Nachmittag weitermachen.

Elina übergibt Sam nur schweren Herzens an Josie. »Ich will auch endlich springen können«, sagt Elina seufzend, als sie mit Hanna, Matilda und Agnes am Zaun steht und den älteren Mädchen beim Reiten zuguckt. Ingela hat zwei niedrige Hindernisse aufgebaut, über die die großen Mädchen springen sollen.

»Das kannst du aber nicht«, sagt Matilda.

»Du würdest bloß noch mal runterfallen«, sagt Hanna.

»Na und«, sagt Elina. »Das hat mir überhaupt nichts ausgemacht.«

»Das sah vielleicht lustig aus«, kichert Agnes. »Sam ist ein echter Frechdachs.«

»Wenn wir alleine reiten können, dürfen wir ins Reitlager«, sagt Elina.

»Du nervst«, sagt Matilda.

»Ich weiß, dass wir es können.« Elina bleibt hartnäckig. »Wir müssen es nur wollen.«

»Das hast du doch nicht zu bestimmen.« Hanna verzieht den Mund.

»Das kann nur Ingela entscheiden«, sagt Agnes.

»Sonst können wir aber die ganzen Sommerferien überhaupt nicht reiten.« Elina gibt nicht auf.

»Ich weiß ja nicht einmal, ob ich mitdarf«, sagt Matilda.

»Das klingt eher, als ob du nicht willst«, blafft Elina sie an.

»Ich will mit«, sagt Agnes.

»Ich auch«, sagt Hanna. »Wenn ich mich traue und Molly kriege.«

»Ich will auch, aber ich weiß nicht, ob ich darf«, sagt Matilda trotzig und funkelt Elina wütend an.

Osterferien

In den Osterferien finden keine Reitstunden statt. Am Montag kommt die Tierärztin, um die Ponys zu impfen, damit sie keine Grippe kriegen oder sonst irgendwie krank werden.

Nach der Impfung brauchen die Ponys eine Woche Ruhe.

Ingela hat gesagt, dass sie an dem Tag gerne im Stall vorbeischauen dürfen. Irgendetwas gibt es dort immer zu tun.

Hanna und Agnes können nicht kommen, weil sie verreist sind. Elina und Matilda würden schrecklich gerne kommen, aber sie trauen sich nicht, Ingela zu fragen, ob die Einladung auch für sie oder nur für die großen Mädchen gilt. Als

Elina nach Hause kommt, ist sie ganz niedergeschlagen.

Papa hört nur mit halbem Ohr zu, als sie ihm erzählt, was sie bedrückt. Er ist mit seiner Aufmerksamkeit beim Kochen.

»Wer will, kann am Montag in den Stall gehen, obwohl Osterferien sind«, erzählt Elina.

»Na, das ist doch super«, antwortet Papa, obwohl ihm anzusehen ist, dass er mit den Gedanken ganz woanders ist.

»Du hörst mir gar nicht zu«, beschwert sich Elina.

»Du willst am Montag in den Stall gehen«, sagt Papa unsicher.

»Nein, das hab ich nicht gesagt«, brummelt Elina.

»Was hast du dann gesagt?«

»Matilda und ich wissen nicht, ob Ingela damit auch uns gemeint hat«, nuschelt Elina. »Und wir haben uns nicht getraut, sie zu fragen.«

»Oje«, sagt Papa. »Das ist natürlich nicht gut.«

»Nein.« Als Elina daran denkt, wie verzwickt alles ist, kommen ihr die Tränen.

»Das Beste wird wohl sein, du rufst Ingela an und fragst sie«, meint Papa.

»Bestimmt hat sie nur die großen Mädchen gemeint«, schluchzt Elina.

»Das wirst du nur erfahren, wenn du sie fragst.« Papa zieht Elina vom Stuhl hoch und nimmt sie ganz fest in den Arm. »Seit wann sind nur diese Ponys so wichtig für dich geworden?«, fragt er.

»Weiß ich nicht.« Elina schnieft.

Später kratzt Elina allen Mut zusammen und ruft Ingela an.

»Natürlich dürft ihr auch kommen«, sagt Ingela. »Mit der Einladung habe ich alle gemeint.«

»Dann kommen wir natürlich!«, jubelt Elina in den Hörer.

»Das freut mich«, lacht Ingela.

Elina und Matilda sind sich einig, dass Ingela die tollste Reitlehrerin auf der ganzen Welt ist.

Während sie sehnsüchtig warten, dass es endlich Montag wird, spielen sie Sam und Billie mit Matildas Steckenpferden. Sie wechseln sich an der Spitze ab. Nach dem Reiten binden sie die Ponys am Apfelbaum fest und striegeln sie ausgiebig. Bevor sie zum Essen ins Haus gehen, bringen sie Sam und Billie auf die Weide. Nach dem Essen führen sie Matildas Eltern vor, was sie können. Die beiden halten sich den Bauch vor Lachen über die Einfälle der Mädchen.

Beim Spielen wissen Elina und Matilda genau, wie sie mit den Ponys umgehen müssen. Da passiert nie etwas Peinliches und nichts ist zu schwierig. Aber am Montagmorgen im Stall ist plötzlich wieder alles ganz anders.

Die großen Mädchen haben schon mit dem Ausmisten und Fegen der Stallgänge angefangen. Sie haben alle Ponys und Pferde in den Stall geholt, wo sie auf die Tierärztin warten. Sie haben Heu zu fressen bekommen, und während des Fressens darf man nicht zu ihnen in die Box. Ingela hat ihnen erklärt, dass es ganz wichtig ist, dass die Ponys ungestört fressen können.

Elina und Matilda stehen vor der Anschlagtafel. Sie sind unsicher und wissen nicht, was sie machen sollen.

»Legt eure Sachen in die Sattelkammer.« Ingela rettet Elina und Matilda aus ihrer Verlegenheit, als sie sagt, dass sie Helfer braucht, um Billies Mutter Samira und ihre Halbschwester Salsa von der Weide in den Stall zu bringen.

»Die beiden könnt ihr übernehmen.«

Ingela drückt Elina und Matilda die Halfter für Samira und Salsa in die Hand und nimmt selbst Attacks und Atles Halfter vom Haken. Atle war Ingelas Pony, als sie klein war.

Es ist schön, eine Aufgabe zu haben. Elina legt Samiras Halfter über die Schulter und geht hinter Ingela her zur Weide. Sie muss große Schritte machen, um nicht abgehängt zu werden.

Samira und Salsa stehen am Zaun, als würden sie schon auf Ingela warten. Normalerweise bekommen sie um diese Zeit ihr Kraftfutter. Die Bäuche der beiden sind kugelrund. Ende Mai sollen die Fohlen kommen. Als Elina neben Samira steht, sieht sie, wie der runde Bauch plötzlich an einer Stelle ausbeult.

»Ist das etwa das Fohlen, das von innen tritt?«, fragt Elina.

»Ja, es dürfte ihm allmählich wohl reichlich eng da drinnen werden.« Ingela streichelt Samiras Bauch. Aber Samira interessiert viel mehr, wo es etwas zu fressen gibt. Sie stapft um Ingela herum und sieht hinter ihrem Rücken nach.

»Heute gibt es im Stall was zu fressen.« Ingela lacht, als Samira und Salsa ihre Mäuler auf der Suche nach einem Leckerbissen in Ingelas Taschen schieben. »Das ist ja die reinste polizeiliche Durchsuchung«, flachst sie.

Während Ingela Attack und Atle holt, legen Elina und Matilda den Stuten die Halfter an. Elina darf den Elektrozaun öffnen und den Kunststoffhandgriff seitlich einhängen. Wenn der Draht die Erde berührt, kriegt man einen Stromschlag. Das ist sehr unangenehm. Elina will auf keinen Fall einen Schlag kriegen. Samira auch nicht. Sie scheut vor dem Draht und rührt sich nicht von der Stelle, als Elina versucht, sie hinter sich herzuziehen.

»Komm schon!« Elina ruckt an dem Führstrick, aber Samira stemmt sich dagegen.

Ingela gibt Samira einen leichten Klaps aufs Hinterteil und schnalzt mit der Zunge. Daraufhin trabt Samira los und hätte Elina um ein Haar den Führstrick aus der Hand gerissen. Aber sie beruhigt sich schnell wieder.

Elina und Matilda gehen mit ihren beiden Stuten stolz nebeneinanderher.

Noch stolzer sind sie, als die großen Mädchen aus dem Stall gerannt kommen und sie umschwärmen. Alle wollen Samira und Salsa tätscheln und ihre runden Bäuche streicheln.

»Fangt schon mal an, euch über die Namen für die Fohlen Gedanken zu machen«, sagt Ingela, als alle Ponys in ihren Boxen stehen.

»Simone und Ramona«, schlägt Josie vor.

»Wenn es Stuten werden. Aber das wissen wir nicht«, sagt Ingela. »Schreibt am besten alle Namen auf, die euch einfallen. Und am Ende suchen wir die raus, die am besten zu ihnen passen.«

Während Samira und Salsa sich das Kraftfutter schmecken lassen, kommt die Tierärztin. Sie hat eine Kiste voller Glasröhrchen und Spritzen dabei.

»Es kann losgehen«, sagt sie, nachdem sie Ingela und die Mädchen begrüßt hat.

Elina zieht den Kopf ein, als die Tierärztin eine lange Nadel auf die Spritze setzt und die Flüssigkeit aus einem Glasröhrchen in den Kolben aufzieht.

Sam, der als Erster seine Spritze bekommt, scheint gar nichts zu merken. Billie mustert die Tierärztin sehr misstrauisch, als sie seine Box betritt.

»Ist ja gut, Billie.«

Ingela und die Tierärztin reden beruhigend auf Billie ein. Sie tätscheln ihn und kraulen ihn unter der Mähne. So klappt es problemlos.

Japp findet es offenbar ganz furchtbar, eine Spritze zu kriegen. Als die Tierärztin auf ihn zugeht, beginnt er zu zittern.

»Armer Japp!«

Sara, die bei ihm in der Box steht, hat Tränen in den Augen.

Dabei ist Japp sonst die Ruhe selbst. Ingela sagt immer, man könnte eine Bombe neben ihm fallen lassen, ohne dass er mit der Wimper zuckt. Aber jetzt zittert er am ganzen Leib.

»Japp scheint irgendwann etwas Schreckliches erlebt zu haben«, sagt Ingela. »Wir wissen nicht, was. Aber er ist so, seit er bei uns im Stall ist.«

Ingela bittet Sara, die Box zu verlassen, und hält Japp selbst fest. Als die Tierärztin hereinkommt, stellt er sich auf die Hinterbeine.

Elina schnappt erschrocken nach Luft. Es sieht gefährlich aus, wie Japp mit den Vorderhufen in der Luft schlägt.

»Ist ja gut!« Ingela drückt Japp gegen die Wand und hält ihn fest.

Schnell wie der Blitz verpasst ihm die Ärztin die Spritze und es ist überstanden.

»Siehst du, du Dummerchen. Das war doch gar nicht so schlimm, oder?« Ingela tätschelt Japp und hält ihm eine Karotte hin, die sie in der

Tasche hatte. Japp sieht so verdutzt aus, dass alle lachen müssen.

Normalerweise sollen die Ponys ihnen nicht aus der Hand fressen.

Weil sie leicht zuschnappen, ganz ohne böse Absicht. Darum ist es besser, wenn sie Äpfel und Karotten mit dem anderen Futter aus den Futtertrögen fressen.

»Aber Ausnahmen müssen sein«, sagt Ingela nun.

»Japp hat sich seine Karotte wirklich verdient oder was meint ihr?«

»Japp ist der Beste!« Sara krault Japp zwischen den Vorderbeinen. Da wird er am liebsten gekrault. Er streckt genüsslich den Kopf vor. Jetzt zittert er auch nicht mehr.

Als die Tierärztin abgefahren ist, bringen die älteren Mädchen Sam, Billie, Japp, Molly und Nanou zurück auf die Weide.

Und schon wieder wissen Elina und Matilda nicht, was sie Sinnvolles machen können.

Sie gehen hinter den Mädchen her zur Weide, bleiben aber am Zaun stehen.

Die großen Mädchen verbringen Ewigkeiten mit den Ponys.

Und keiner kümmert sich um Elina und Matilda, die am Zaun stehen und zusehen.

»Komm, lass uns zurück zum Stall gehen«, sagt Elina nach einer Weile.

Sie setzen sich auf die Bank vor dem Stallgebäude. Sie baumeln mit den Beinen und wissen nicht, was sie machen können. Als Ingela mit einer voll beladenen Schubkarre nach draußen kommt, tun sie so, als würden sie die Ponys auf der Weide beobachten.

»Da seid ihr ja«, sagt Ingela. »Hättet ihr Lust, Salsa und Samira zu striegeln?«

Und ob! Elina und Matilda sind blitzschnell auf den Beinen. Natürlich haben sie Lust, Samira und Salsa zu striegeln! Sie holen die Striegeleimer aus der Sattelkammer und öffnen die Boxentüren. Die Stuten stehen mit geschlossenen Augen da und schlafen. Samira hebt kaum die Augenlider, als Elina eintritt.

»Das muss ganz schön anstrengend sein, so einen Kugelbauch mit sich herumzuschleppen.« Elina kichert, als sie mit der Bürste über Samiras Rücken fährt.

»Ich glaube, Salsa platzt bald«, sagt Matilda.

»Ganz schön spannend mit den Fohlen, nicht wahr?«, sagt Ingela lachend, als sie über die Tür in Samiras Box guckt.

»Was glaubt ihr, was es wird, Stute oder Hengst?«

»Vielleicht ja ein ganz kleiner Billie«, träumt Elina.

»Das wäre nicht das Dümmste«, sagt Ingela.

Als Ingela wieder weg ist, denken Matilda und Elina sich Namen für die Fohlen aus.

»Sara und Rosa«, schlägt Elina vor.

»Oder Sune und Rune«, kichert Matilda.

»Wie wär's mit Singo und Ringo«, sagt Elina.

Elina und Matilda geben sich ganz besonders Mühe beim Striegeln. Zuerst bürsten sie die losen Haare mit der Drahtbürste aus.

Das Winterfell hängt in dicken Zotteln unter Samiras und Salsas Bäuchen.

Die Zotteln lassen sich einfach abziehen. Die Wurzelbürste ist sofort voller Haare.

»Das nimmt ja gar kein Ende.«

Ingela nickt, als sie ihr die Bürsten zeigen.

»Es reicht, wenn ihr sie mit der Drahtbürste striegelt. Und danach könnt ihr euch die Mähnen und Schweife vornehmen.«

Elina und Matilda fühlen sich wie richtige Pflegerinnen. Es macht Spaß, die Ponys zu striegeln und sich dabei zu unterhalten. Als die großen Mädchen von der Weide zurück in den Stall kommen, wollen sie sich auch um Samira

und Salsa kümmern. Aber da spricht Ingela ein Machtwort: Ein Mädchen in jeder Box reicht völlig.

»Wollt ihr nicht lieber die Halfter putzen?«, versucht Josie Matilda und Elina zu überreden. Aber die schütteln den Kopf.

»Du bist ja ganz schön frech«, sagt Ingela zu Josie. »Aber jetzt gönn Elina und Matilda auch mal ihren Spaß!«

Als Elina an diesem Tag nach Hause kommt, tauft sie die Plastikpferde aus dem Stall in ihrem Regal um und malt neue Namensschilder. Sie ist so beschäftigt, dass ihre Mutter mehrmals rufen muss, bis Elina hört, dass sie zum Essen kommen soll.

»Ich hab schrecklich viel zu tun«, sagt Elina, als sie am Esstisch sitzt.

»Darf ich raten?«, foppt Papa sie. »Hat es was mit Pferden zu tun?«

»Ja, klar.« Elina schüttelt den Kopf über ihren Vater.

Was für eine Frage!

Der Frühling ist da!

Elina hat nichts anderes als Ponys im Kopf. Sie spielt Pony und erzählt von den Ponys. Und nachts träumt sie von den Ponys. Am meisten beschäftigt sie das Reitlager. Ihr Vater meint, sie sei ja regelrecht besessen! Aber er hat gelacht, als er das gesagt hat. Elinas Eltern sind einverstanden, dass Elina ins Reitlager geht, wenn Ingela es ihnen erlaubt.

»Es ist noch zu früh, das zu entscheiden«, sagt Ingela, als Elina zum hundertsten Mal fragt. »Vorher solltet ihr noch ein bisschen sicherer im Sattel werden.«

»Das üben wir doch schon die ganze Zeit«, sagt Elina.

»Das stimmt.« Ingela lacht. »Warten wir's ab.«

Aber Elina will nicht warten. Sie will auf der Stelle wissen, ob sie sich auf einen Sommer mit Billie freuen kann.

Elina, Hanna und Matilda träumen davon, was sie im Reitlager alles machen werden.

»Das Beste ist, dass jeder von uns ein eigenes Pony hat«, findet Elina.

»Linda hat erzählt, dass man Ausritte macht, die den ganzen Tag dauern«, sagt Matilda.

»Hast du endlich deine Eltern gefragt, ob du mitdarfst?«, will Elina wissen.

»Nein, hab ich nicht«, antwortet Matilda grantig.

Elina weiß, dass sie Hanna, Matilda und Agnes manchmal ganz schön nervt, weil sie über nichts anderes redet als das Sommerlager. Sie hätten nichts dagegen, in den Pausen auch mal wieder etwas anderes zu spielen.

Am nächsten Tag bringt Matilda ihr Gummitwist mit zur Schule.

»Wie öde«, sagt Elina. Sie möchte lieber Reitstunde spielen und trainieren.

»Wir müssen üben«, sagt sie.

»Aber zum Üben braucht man ein Pony«, entgegnet Agnes.

Wenn Elina mit ihnen zusammen spielen will, muss sie Gummitwist hüpfen wie die anderen.

Die Bäume werden jeden Tag ein bisschen grüner. Und es wird jeden Tag ein bisschen wärmer.

An diesem Donnerstag fahren nur drei Mädchen mit dem Bus zum Reitstall. Matilda hat nach der Mittagspause Kopfschmerzen gekriegt und ihre Mutter musste sie aus der Schule abholen.

»Arme Matilda, jetzt verpasst sie den Ausritt«, sagt Elina, als sie Josie davon erzählt.

Elina denkt im Stillen, dass kein Kopfschmerz der Welt sie davon abhalten könnte, in den Stall zu gehen. Aber das sagt sie nicht laut.

Ingela hat die Satteltaschen gepackt. Heute ist

Billie das Packpferd. Da Matilda nicht da ist, darf Linda die ganze Strecke auf Molly reiten, hin und zurück. Die anderen sind ein bisschen neidisch, aber Ingela tröstet sie, dass sich das irgendwann bestimmt wieder ausgleichen wird.

»Jeder fehlt einmal«, sagt sie.

Als sie zur Weide gehen, um die Ponys zu holen, staunen sie, was die Frühlingssonne dort angerichtet hat. Der Boden hinter dem Zaun ist eine einzige Schlammkuhle. Ingela ruft die Ponys, aber sie heben nicht einmal die Köpfe. Den Mädchen bleibt nichts anderes übrig, als durch den Schlamm zu stapfen und sie zu holen.

Schlurp, schlurp macht es bei jedem Schritt. Und plötzlich bleibt einer von Elinas Stiefeln im

Schlamm stecken, als sie den Fuß hebt. Schlurp, macht es, als Elina mit der bloßen Socke im Matsch landet.

»Hilfe!«

Elina hält sich an Josie fest, als sie mit vereinten Kräften den Stiefel herausziehen. Elina bleibt nichts anderes übrig, als den schmierigen Fuß in den Stiefel zu stecken.

»Oje«, sagt Ingela mit einem besorgten Blick auf Elinas nassen Strumpf, als sie zurück in den Stall kommen.

»Halb so wild«, antwortet Elina. Sie will nicht riskieren, dass sie nach Hause geschickt wird.

»Man merkt kaum, dass der Strumpf nass ist.«

Ingela sucht ein Paar Socken heraus, die irgendwer vergessen hat. Jetzt kann Elina die nasse Socke gegen eine trockene eintauschen.

»Viel besser«, strahlt Elina.

»Du lässt dich nicht so leicht unterkriegen, was?«

Ingela lacht, aber Elina ist sicher, dass Ingela es gut findet, wenn man nicht so schnell aufgibt.

»Niemals«, erklärt Elina und kichert.

Die Strecke, die sie heute reiten, kennen die jüngeren Mädchen noch nicht. Nach einer Weile biegen sie rechts vom Galopppfad ab, wo sie sonst immer links reiten.

Die Ponys gehen einen steilen Hang
hinauf, an dem das Schmelzwasser in
kleinen Rinnsalen zwischen den Steinen
hinabplätschert.

Ingela sagt, dass sie ruhig in den Steigbügeln
stehen sollen. Um den Rest kümmern sich die

Ponys. Agnes findet das ganz schön schwierig. Sie würde am liebsten absteigen, aber das erlaubt Ingela nicht.

»Die Ponys wissen genau, wo sie ihre Hufe hinsetzen müssen«, sagt Ingela bestimmt. »Vertraut ihnen einfach.«

An den besonders schwierigen Stellen kneift Elina die Augen ganz fest zu. Sie hält sich an Sams Mähne fest und vertraut darauf, dass er schon weiß, was er tun muss. Sie presst die Knie zusammen und beugt sich so weit wie möglich vor, weil es ganz schön schaukelt, wenn die Ponys abwechselnd große und kleine Schritte machen.

Am oberen Ende des Hanges angekommen, erwartet sie die Belohnung für die Mühe: ein schöner, weicher Waldweg. Als Ingela fragt, ob sie traben wollen, jubelt Elina begeistert.

Billie trabt als Erster los. Die Satteltaschen hüpfen lustig auf und ab. Hinter Billie kommt Sam mit Elina. Josie muss Sam bremsen, weil er mit Billie um die Wette laufen will.

»Und jetzt galoppieren wir«, ruft Ingela.

Ein Aufschrei geht durch die Reihe der Mädchen.

»Stellt euch in den Steigbügeln auf, als ob ihr springen wolltet, dann wird es schon gehen«, ruft Ingela.

Sam galoppiert hinter Billie her. Elina steht in den Steigbügeln. Ihr Magen kribbelt vor Aufregung, weil es so schnell geht.

»Langsamer werden!«

Als Sam Ingelas Stimme hört, fällt er augenblicklich in Trab und gleich darauf in Schritt.

»Ich kann nicht mehr.« Josie beugt sich schnaufend über Sams Nacken. »Was für ein Tempo!«

Die aufgekratzten Stimmen der Mädchen hallen durch den Wald. Als Billie schnaubt, schnaubt Sam auch, und gleich darauf schnauben alle Ponys. Als wollten sie sagen: Hat das Spaß gemacht!

»Oh, wie herrlich!«, jubelt Agnes.

»Nanou war super!« Hanna beugt sich vor und tätschelt Nanous Nacken.

Die Mädchen sind ganz aufgedreht von dem Galopp. Elina und Agnes, weil sie noch nie so lange so schnell geritten sind. Hanna, weil sie zum ersten Mal galoppiert ist. Und die großen Mädchen, weil sie vom Nebenherlaufen Seitenstiche bekommen haben.

Ingela sagt, dass sie die Zügel lang lassen sollen. Wer will, darf die Füße aus den Steigbügeln nehmen. Sie reiten an einer Waldlichtung vorbei, die von einem Teppich von Buschwindröschen bedeckt ist. Als einmal alle still sind, hört Elina die Vögel zwitschern.

»Jetzt sind wir gleich bei den Auewiesen«,
sagt Josie zu Elina.

Sie biegen auf einen schmalen Waldweg ab,
der sich zwischen den Bäumen

hindurchschlängelt. An einer Stelle müssen sie einen großen Bogen machen, um an einem umgestürzten Baum vorbeizukommen. Und dahinter sehen sie eine lang gestreckte, saftig grüne Wiese zwischen den Bäumen.

»Oh, ist das schön!«

Kaum haben sie die Wiese erreicht, reißt Sam Elina die Zügel aus der Hand. Darauf ist Elina nicht vorbereitet.

Sams Schnauze verschwindet mit einem Ruck zwischen den Grashalmen und Elina findet sich im Löwenzahn wieder.

»Oh nein, Sam!«, ruft Elina. »Nicht schon wieder!«

Aber Elina kann Sam nicht böse sein, wenn er

sie so selig anschaut mit Grashalmen, die ihm an
beiden Seiten aus dem Maul ragen.

»Das darfst du ihm nicht durchgehen lassen«,
sagt Ingela streng und bittet Josie, Billie zu
halten, damit sie Elina helfen kann.

Während die anderen absteigen und die Ponys
grasen lassen, muss Elina wieder auf Sam
aufsteigen. Ingela lässt nicht locker, bis Sam
gehorsam in einem Kreis um die anderen
herumläuft.

»Du wirst immer besser«, lobt Ingela Elina,
weil sie Sam energisch zurechtweist.

»Ich hatte gar keine Angst«, sagt Elina. »Sam
ist eben ein Spaßvogel.«

Es ist herrlich, auf der Wiese zu sitzen und zu
picknicken, während die Ponys Gras knabbern.
Die Mädchen passen abwechselnd auf die Ponys
auf, damit sie nicht durchs Picknick trampeln.

»Ist auf dieser Wiese das Reitlager?«, fragt
Elina.

»Nein, das ist noch ein Stück weiter weg. Da

muss man da drüben auf den Pfad abbiegen, der am Flussufer entlangführt«, sagt Linda.

»Der perfekte Galoppweg«, sagt Sara.

»Oh, bitte, Ingela«, bettelt Elina.

»Geht das schon wieder los«, zieht Ingela sie auf. Aber sie verspricht, beim nächsten Mal in der Reitbahn mit ihnen zu üben, alleine zu reiten.

»Ich bin sicher, dass ihr das könnt. Ihr müsst es nur wollen und euch trauen.«

»Dürfen wir dann mit ins Reitlager, wenn wir Donnerstag alleine reiten können?«, fragt Elina.

»Warten wir's ab«, sagt Ingela wieder.

Tanzen oder Reiten?

Elina, Hanna und Agnes reden über nichts anderes als die Auewiese und den aufregenden Galopp durch den Wald. Beim Schaukeln in der Pause erzählen sie Matilda, dass sie am nächsten Donnerstag üben wollen, alleine zu reiten.

»Wenn wir keine Angst haben, dürfen wir mit ins Reitlager«, sagt Elina überzeugt.

»Das kannst du doch gar nicht wissen«, sagt Matilda.

»Sam hat Elina abgeworfen«, erzählt Agnes.

»Das war überhaupt nicht schlimm.« Elina lacht.

»Ich will Molly oder Nanou haben, wenn ich ins

Reitlager gehe. Damit ich keine Angst haben muss, abgeworfen zu werden.«

»Wenn doch bloß schon Donnerstag wäre«, seufzt Agnes.

»Ich glaube, ich höre auf zu reiten«, sagt Matilda unvermittelt.

Elina hält ihre Schaukel an und starrt Matilda an, die zurückgelehnt in ihrer Schaukel liegt und an den blauen Himmel guckt.

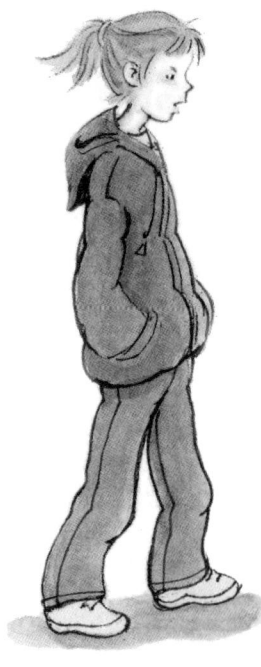

»Ich möchte lieber tanzen«, sagt Matilda.
»Und beides geht nicht.«

»Tanzen?«, wiederholt Elina ungläubig.

»Und was wird dann aus Sam?«, fragt Agnes.

»Ich weiß es nicht«, nuschelt Matilda.

»Du kannst doch nicht mitten im Halbjahr aufhören«, sagt Hanna.

»Kann ich wohl, wenn ich will.«

Matilda hält die Schaukel an und springt ab. Als sie losläuft, klingelt die Schulglocke. Elina, Hanna und Agnes laufen hinter ihr her.

»Aber wir sind doch beste Pferdefreundinnen«, sagt Elina vorwurfsvoll.

»Ich mag eigentlich gar keine Pferde«, murmelt Matilda. Elina, Hanna und Agnes gehen ihr auf die Nerven. Ist doch ihre Sache, ob sie reiten will oder nicht.

Elina kann es nicht fassen. Reiten ist doch das Wichtigste auf der Welt! Matilda und sie hatten doch in den Osterferien so viel Spaß im Stall! Hat Matilda das vergessen?

»Und was ist mit den Fohlen?«, fragt Elina. »Bist du nicht gespannt auf sie?«

Jetzt verzieht Matilda den Mund. Natürlich ist sie gespannt auf die Fohlen.

Es ist sehr merkwürdig, am nächsten Donnerstag ohne Matilda zum Stall zu fahren. Diesmal ist Elinas Mutter mit dem Fahren dran. Sie kommt mit in den Stall. Während die Mädchen sich umziehen, redet sie mit Ingela. Die großen Mädchen sind schon eine Weile da und haben die Ponys in den Stall geholt.

Elina will ihrer Mutter Samiras und Salsas runde Bäuche zeigen, bevor sie wieder fährt. Ingela erlaubt ihnen sogar, auf die Weide zu gehen.

»Ich habe Attack und Atle auf die Weide nebenan gebracht, damit die Stuten sich nicht von ihnen gestört fühlen, wenn die Fohlen kommen«, erklärt Ingela.

Jetzt wird es gar nicht mehr lange dauern.

Elina hakt die Elektroleitung aus, damit Mama

auf die Weide gehen kann. Sie muss den Zaun
schnell wieder schließen, weil Samira und Salsa
neugierig angelaufen kommen, um sie zu
begrüßen.

»Ist das nicht toll!«

Elina legt das Ohr an Samiras dicken Bauch.

»Da drinnen liegt ein kleiner Billie oder Sam.«

»Oder eine Sambolina«, sagt Mama lachend.

Die Stuten lieben es, unter der Mähne gekrault
zu werden. Das Fell auf der Brust ist ein
bisschen feucht und ihr Atem geht schwer.

»Als du unterwegs warst, sah ich auch so
aus«, erinnert Mama sich.

»Das glaube ich nicht.« Elina kichert. »Du bist
doch kein Pony.«

»Nein, natürlich nicht.«

Danach erzählt Elina
ihrer Mutter, dass
Matilda überlegt, mit
dem Reiten
aufzuhören.

Mama fragt, ob sie sich schon wieder wegen der Ponys gestritten haben.

»Nein, haben wir nicht.« Elina sieht ihre Mutter fragend an.

»Kann es sein, dass du sie mit dem Reitlager unter Druck gesetzt hast?«

»Matilda weiß nicht, ob ihre Eltern es ihr erlauben«, sagt Elina, nachdem sie eine Weile nachgedacht hat.

»Vielleicht fühlt sie sich ja gezwungen zu sagen, dass sie mitwill?« Mama sieht Elina an, die ihre Wange an Samiras Hals gelegt hat.

Elina hat so ein flaues Gefühl im Bauch, als Mama das sagt.

»Ich werde mal mit Matildas Eltern reden«, sagt Mama.

»Ich habe Matilda nicht gezwungen!«, sagt Elina kleinlaut, als sie zum Stall zurückgehen. »Die anderen finden mich manchmal ziemlich nervig«, fügt sie nach einer Weile hinzu.

Mama lacht. »Das kann ich verstehen.«

Mama entschließt sich spontan, dazubleiben und den Mädchen beim Reiten zuzusehen. Darum ist Elina besonders aufgeregt, als die Ponys fertig sind und sie zur Reitbahn gehen. Heute ist der große Tag! Die großen Mädchen helfen ihnen beim Einstellen der Steigbügelriemen. Sobald das erledigt ist, dürfen sie alleine in der Spur reiten.

Sam ist heute erstaunlich brav. Ingela meint, das liege daran, dass er sie jetzt getestet und gemerkt habe, dass Elina nicht nachgibt.

»Aber bestimmt heckt er schon den nächsten Unfug aus«, warnt Ingela sie. »Auf Sam muss man aufpassen wie ein Schießhund.«

Elina muss lachen, als Ingela das sagt. Das klingt lustig. Aber sie weiß, was Ingela damit meint. Sie muss die ganze Zeit mit den Schenkeln Druck ausüben und sich auf Sam konzentrieren. Sobald er auch nur den kleinsten Schritt aus dem Hufschlag macht, muss sie dafür sorgen, dass er wieder zurückgeht.

Sie reiten über die ganze Bahn verteilt.

Genau wie die älteren Mädchen.

Elina tätschelt Sams Hals und stellt sich vor, sie wäre alleine mit ihm auf der Bahn. Gleich reiten sie ein paar Runden Galopp.

Ingela ruft sie zu sich, um in der Abteilung Hufschlagfiguren zu reiten. Hanna soll mit Nanou die Spitze übernehmen. Hanna protestiert und

sagt, sie könne sich an keine Figur mehr
erinnern.

»Konzentrier dich«, sagt Ingela streng. »Das
haben wir schon so oft geübt.«

Zuerst sollen sie durch die ganze Bahn
wechseln. Man beginnt an der kurzen Seite, über
die Ecke bis zur langen Seite und durchschreitet
dann die Bahn in der gesamten Länge bis in die
diagonal gegenüberliegende Ecke der anderen

Kurzseite. Natürlich weiß Hanna, wie das geht. Auch wenn sie in der Mitte kurz zögert und sie nicht ganz punktgenau ankommen. Das macht gar nichts.

Nach dem Wechseln durch die ganze Bahn sollen sie üben, nacheinander anzuhalten. Zuerst Elina auf Sam, die als Letzte gehen. Dann Agnes auf Molly und nach ihr Hanna auf Nanou. Danach setzen Elina und Sam sich als Erste wieder in Bewegung. Sobald sie Agnes erreichen, reitet Agnes los und danach Hanna.

»Ihr macht das sehr gut«, lobt Ingela sie mit lauter Stimme.

Als Elina zu Mama schaut, streckt die den Daumen in die Luft.

Dann ist Trab an der Reihe. Erst

alle zusammen mit Hanna an der Spitze. Auch das geht gut. Obwohl Elina Sam bremsen muss. Und es ist gar nicht so einfach, gleichzeitig die Zügel straff und das Gleichgewicht zu halten.

Mag sein, dass es nicht sehr elegant aussieht, aber das macht nichts, findet Ingela.

Zum Abschluss sollen sie einzeln an einer der Längsseiten entlangtraben.

Hanna fängt an. Anfangs geht es noch ein wenig träge, aber dann kriegt Nanou Schwung. So sehr, dass Hanna sie fast nicht anhalten kann, als Ingela es sagt.

»Okay, Agnes«, ruft Ingela, »du bist dran.«

Molly will so schnell wie möglich zu Nanou. Sie trabt so schnell, dass Agnes wie ein Pingpongball auf und ab hüpft.

»Hilfe!«, ruft Agnes, aber da sind sie auch schon bei Nanou angekommen.

Sam steht mit gebeugtem Nacken da und kaut auf dem Gebiss. Wie ein Rennpferd in seiner Startbox, meint Ingela.

»Halt die Zügel straff«, sagt Ingela zu Elina.
»Sonst fängt er gleich an zu galoppieren.«

»Ich will doch galoppieren«, sagt Elina.

»Aber nicht heute. Heute möchte ich, dass du
Trab reitest.«

Als Elina Schenkeldruck gibt, schießt Sam
nach vorn. Um ein Haar hätte er Elina die Zügel
aus der Hand gerissen.

»Halten!«, ruft Ingela. »Und gerade sitzen.«

Elina folgt Ingelas Anweisungen. Nach ein
paar Galoppschritten fällt Sam in Trab zurück.

Kurz vor Mollys Hinterteil bleibt er abrupt stehen. So abrupt, dass Elina im Sattel vorrutscht. Ingela lacht.

»Immerhin sitzt du noch im Sattel«, ruft sie.

Elina, Hanna und Agnes sind wahnsinnig stolz, als sie die Ponys an die großen Mädchen übergeben. Sie haben ihre erste Stunde ohne Führer geschafft!

»Dürfen wir jetzt mit ins Lager?«, will Elina wissen.

»Bitte, bitte«, sagt Agnes.

»Aber nur, wenn ich Molly oder Nanou kriege«, sagt Hanna.

»Ich habe mir was ausgedacht«, sagt Ingela geheimnisvoll.

Sie können betteln, so viel sie wollen. Sie werden sich bis zum nächsten Donnerstag gedulden müssen, bis Ingela ihnen ihren Plan verrät.

Billies Schwester

Wenn am Donnerstag schönes Wetter ist, wollen
sie einen Ausritt zu dem Baum mit dem
Schaukel-Ast machen. Da waren sie im Herbst
das letzte Mal.

Elina und Josie haben Sam jetzt vier
Donnerstage gehabt. Elina merkt jetzt schon,
dass sie ihn vermissen wird. Sam ist so schön
unkompliziert und meistens leicht aufzuzäumen.

Elina ist stolz. Sie ist die erste der vier
Freundinnen, die es geschafft hat, Sam alleine
zu reiten.

In der Schule unterhalten Elina, Hanna und
Agnes sich darüber, welches Pony sie als
nächstes haben wollen.

Zwischendurch scheint Matilda ganz zu vergessen, dass sie mit dem Reiten aufhören will. Sie sagt, dass sie Nanou ausprobieren will. Weil Ingela sagt, dass Nanou leicht zu reiten ist.

»Das stimmt«, bestätigt Hanna. »Mit Nanou kann man toll galoppieren.«

Elina hätte am liebsten wieder Billie. Falls das nicht klappt, würde sie auch Molly oder Nanou nehmen.

»Aber wenn du kommst, kriegst du natürlich Nanou«, sagt Elina großzügig zu Matilda.

»Das hast du ja wohl nicht zu bestimmen«, brummelt Matilda.

»Warum bist du eigentlich dauernd eingeschnappt?«, fragt Elina.

»Bin ich gar nicht«, antwortet Matilda.

Matildas Mama und Papa wollen, dass sie dieses Halbjahr noch zu Ende macht. Danach kann sie mit dem Reiten aufhören, wenn sie will.

»Kommst du am Donnerstag?«, will Agnes wissen.

»Wahrscheinlich«, sagt Matilda, obwohl sie nicht sehr überzeugend klingt.

Am Mittwoch, beim Gummitwist, tut Matilda plötzlich der Fuß weh. Sie humpelt und springt nicht mehr mit.

»Ich glaube, der ist verstaucht«, sagt sie.

»Ist doch praktisch, dann darfst du vielleicht die ganze Zeit reiten«, sagt Elina.

»Und wie soll ich zum Stall kommen, wenn ich nicht laufen kann?«

Matilda sieht Elina an, als ob sie schwer von Begriff wäre. Matilda benimmt sich in letzter Zeit wirklich seltsam. Was ist bloß los mit ihr?

Am Donnerstagmorgen fahren Mama und Elina auf dem Weg zur Schule am Stall vorbei. Ingela war einverstanden, dass Elina ihre Reitsachen in die Sattelkammer legen kann. Dann muss sie sich nachmittags nicht damit abschleppen, wenn sie mit dem Bus aus der Schule in den Stall fährt.

Die Stalltüren stehen sperrangelweit auf. Die

Ponys sind schon auf der Weide. Elina bringt ihre Sachen in die Sattelkammer, Mama wartet so lange beim Auto.

Der Stallkater Mojje streicht um Elinas Beine. »Da bin ich aber froh, dass du kommst«, scheint er zu sagen. »Ich bin am Verhungern.«

»Hat Ingela dich vergessen?«

Elina klappt die Kiste auf, in der Mojjes Trockenfutter gelagert wird. Und Wasser füllt sie auch nach.

Als Elina wieder nach draußen kommt, steht Mama am Zaun vor Samiras und Salsas Weide.

»Ich bin fertig«, ruft Elina.

»Komm mal.« Mama dreht sich um und winkt Elina zu sich.

Elina läuft los. Sie hat gar nichts dagegen, noch ein wenig länger im Stall zu bleiben. Erst am Zaun sieht sie, was Mama ihr zeigen will. In dem kleinen Unterstand liegt Samira auf der Erde. Ingela kniet neben ihr.

»Ich glaube, Samira kriegt jetzt ihr Fohlen«, sagt Mama.

Elina greift nach Mamas Hand.

»Es soll aber doch erst Ende Mai kommen«, sagt sie.

»So was lässt sich nicht immer genau vorhersagen«, sagt Mama.

Als Ingela sie entdeckt, legt sie einen Finger an die Lippen und gibt ihnen ein Zeichen, dass sie näher kommen können.

Elina und Mama gehen leise über die Weide. Etwa zwanzig Meter von Samira entfernt bleiben sie stehen und setzen sich in die Hocke.

Samira liegt auf der Seite, zwei Beine hoch in die Luft gestreckt. Ihr dicker Bauch bewegt sich auf und ab. Ingela sitzt ganz ruhig neben ihr.

Stuten schaffen die Geburt meist alleine, hat
Ingela erzählt. Sie wissen genau, was sie tun
müssen. Aber es ist gut, in der Nähe zu sein,
falls doch etwas schiefgeht.

Ingela sieht ganz entspannt aus. Dann scheint
ja alles in Ordnung zu sein, denkt Elina. Obwohl
es ziemlich schlimm aussieht, wie Samira kämpft
und strampelt. Plötzlich werden ein paar Beine
sichtbar. Sie sind in einen durchsichtigen
weißen Sack
gehüllt.
Danach tut
sich eine
Weile nichts.

»Mama«,
flüstert
Elina. »Was
passiert
jetzt mit
dem
Fohlen?«

»Schhhh«, sagt Mama.

Samira bäumt sich noch einmal auf und presst.
Ingela umfasst die Beine des Fohlens und hilft
nach. Und plötzlich geht alles ganz schnell. Eins,
zwei, drei, liegt ein kleines Fohlen mit langen
Beinen hinter Samira.

Der weiße, durchsichtige Sack klebt auch auf
dem Rücken des Fohlens. Es liegt ganz platt auf
der Erde. Aber sie können sehen, dass es atmet.
Ein Zucken geht durch den kleinen Körper und
es hebt den Kopf.

»Oh!« Elina schnappt nach Luft.

Das Fohlen hat einen braunen Kopf mit einem breiten weißen Streifen auf dem Nasenrücken und eine ganz kurze Mähne. Ist das süß!

Mama erwähnt mit keinem Wort, dass Elina längst in der Schule sein müsste. Die Zeit scheint stillzustehen, während sie zugucken, wie Leben in das Fohlen kommt. Ingela streicht ihm mit ein bisschen Stroh über den Körper und hebt den Schwanz an.

»Es ist eine Stute«, flüstert sie.

Samira dreht den Kopf nach hinten, um das Fohlen in Augenschein zu nehmen. Sie gibt ein lang gezogenes, leises Wiehern von sich.

Das Fohlen kämpft damit, seine Beine zu sortieren. Aber am Ende steht es auf staksigen Beinen da, unsicher und schwankend.

»Oje«, sagt Elina erschrocken. »Gleich fällt es hin.«

Aber das tut es nicht. Gleich darauf ist Samira auch wieder auf den Beinen. Es sieht aus, als wollte Samira das Fohlen umstupsen, als sie ihm den Rücken ableckt. Es torkelt ein paar Schritte zur Seite, taumelt aber sofort wieder zurück zu Samira und fährt suchend mit der Schnauze über Samiras Flanke.

»Das Fohlen hat Hunger«, flüstert Mama.

Ingela hilft dem Fohlen bei der Suche. Das Fohlen stößt ein paarmal unsanft gegen Samiras Euter.

Als wüsste es nicht so recht, was es damit anfangen soll.

Aber plötzlich steht das Fohlen ganz still. Nur

der Schwanz rotiert in der Luft wie ein Propeller, als es trinkt.

Elina muss lachen, als sie hört, wie laut das Fohlen schmatzt.

»Den Rest schaffen die beiden allein«, sagt Ingela, als sie zu Elina und Mama kommt.

Elina hält Mamas Hand ganz fest, als sie mit Ingela zum Auto gehen. Ausnahmsweise sagt Elina mal gar nichts.

»Ein richtiges kleines Wunder«, sagt Mama.

»Da habt ihr aber Glück gehabt, dass ihr das miterleben konntet.« Ingela lächelt Elina an. »Aber jetzt ab in die Schule, damit du den anderen davon erzählen kannst.«

Als Elina die Tür zum Klassenzimmer aufreißt, sitzen alle an ihren Tischen und rechnen Matheaufgaben.

»Samira hat ein Fohlen bekommen«, jubelt Elina.

»Oh, wie spannend!« Die Lehrerin ist gar nicht

böse, dass Elina einfach in den Unterricht platzt. Sie darf sogar vorne zum Pult kommen und erzählen, wie Samira ihr Fohlen bekommen hat.

»So klein ist es.« Elina hält die Hand ungefähr in Kniehöhe. »Es konnte gleich gehen und es ist ganz braun, mit einem weißen Fleck auf der Stirn. Und es ist eine Stute.«

Hanna, Matilda und Agnes hält es kaum auf ihren Plätzen. Am liebsten würden sie sich auf der Stelle das Fohlen angucken. Sie plappern aufgeregt durcheinander und wollen alles wissen.

»Wisst ihr, was«, sagt die Lehrerin. »Ihr vier geht am besten mal vor die Tür und lasst dort Dampf ab.«

Kurz darauf sitzen Elina, Hanna, Matilda und Agnes auf dem Flur und reden über das Fohlen.

Wie es heißen soll und wem es am ähnlichsten sieht. »Weiß und braun«, sagt Agnes. »Es hat was von Billie und Sam.«

»Das ist gerecht«, findet Hanna.

»Singo ist doch ein schöner Name«, sagt Matilda zu Elina.

»Wir müssen eine Liste schreiben«, sagt Elina, »Dann darf Ingela entscheiden.«

Damit sind alle einverstanden. Das ist auch gerecht. Keins der Mädchen beschwert sich, weil Elina bei der Geburt dabei sein durfte. Weil allen klar ist, dass Elina einfach Glück hatte.

»Ich kann es gar nicht abwarten bis heute Nachmittag«, seufzt Matilda.

»Ich denke, du hast dir den Fuß verstaucht«, sagt Agnes.

»Dem geht es schon wieder viel besser«, sagt Matilda. »Ich glaube, ich kann auf alle Fälle gehen.«

Ingelas Plan

An diesem Tag fällt das Stillsitzen und Zuhören besonders schwer. Als es nach der letzten Stunde klingelt, springen die Ponymädchen von ihren Stühlen auf. Die Lehrerin lacht. Sie versteht, dass sie es eilig haben.

Dem Busfahrer erzählen sie alles über das Fohlen. Als sie sich dem Hof nähern, fährt er langsamer. So können sie Samira und das kleine braune Fohlen auf der Weide sehen.

»Am liebsten würde ich jetzt meinen Bus abstellen und mit euch kommen«, sagt der Busfahrer.

Da Elina, Hanna, Matilda und Agnes die einzigen Fahrgäste sind, hält der Bus auch heute an der privaten Haltestelle. Der Fahrer bittet sie, das Fohlen von ihm zu streicheln, bevor die Mädchen schnell wie der Blitz zum Stall laufen.

»Dürfen wir zu dem Fohlen auf die Weide?«, schreien sie durcheinander, sobald sie Ingela sehen. »Dürfen wir es streicheln?«

»Das wird Samira euch nicht erlauben«, sagt Ingela. »Es wird ein paar Wochen dauern, bis sie jemand an ihr Fohlen heranlässt.«

»Aber dich hat sie doch heute Morgen auch rangelassen«, sagt Elina.

»Heute Morgen, ja.« Ingela lacht. »Das war was anderes.«

»Dürfen wir denn wenigstens gucken?«, betteln die Mädchen.

»Wenn ihr versprecht, leise zu sein«, sagt Ingela. Ingela teilt sie in zwei Gruppen auf.

Matilda, Agnes, Linda und Sara dürfen zuerst gehen. Als sie zurückkommen, sind Elina, Hanna, Josie und Jenny dran. Ingela begleitet sie. Sobald sie die Weide betreten haben, sind sie mucksmäuschenstill. Salsa kommt, um sie zu begrüßen und zu gucken, ob sie was zu fressen dabeihaben. Samira mit ihrem Fohlen steht ein Stück abseits. Als sie sie kommen sieht, hebt sie den Kopf und schaut misstrauisch herüber, als überlege sie, ob sie besser weggehen soll.

»Wir bleiben am besten hier stehen«, sagt Ingela. Das Fell des Fohlens ist inzwischen getrocknet. Die Mähne und der Schwanz sind fast weiß. Ansonsten ist das Fell, abgesehen von dem weißen Streifen auf dem Nasenrücken, hellbraun.

»Sie sieht wie ihr Papa aus«, sagt Ingela. »Er ist ein Fuchs mit heller Mähne und hellem Schwanz.«

»Ein Fuchs?«

»So nennt man Pferde mit rotbraunem Fell. Sam ist auch ein Fuchs. Aber die kleine Dame hier ist viel heller als er.«

»Und wie nennt man den weißen Flecken?«, will Elina wissen.

»Der Streifen auf dem Nasenrücken heißt Blesse«, sagt Ingela.

Sie sind sich alle einig, dass Samiras Fohlen das Süßeste ist, was sie je gesehen haben. Während sie dort sitzen und es beobachten, wird das Fohlen wach. Es sieht sich verschlafen um und scheint zu überlegen, ob es aufstehen soll oder nicht. Dann schüttelt es sich und springt auf die Beine. Es hüpft einmal um Samira herum, die wieder ihr leises, liebevolles Wiehern hören lässt. Dann stellt das Fohlen sich neben Samira und knufft mit der Schnauze gegen das Euter. Im nächsten Augenblick kommt es auf andere Gedanken und galoppiert davon. Als es ein Stück gelaufen ist, bleibt es plötzlich stehen, macht auf der Stelle kehrt und läuft zu seiner Mama zurück.

»Eine putzmuntere junge Dame«, sagt Ingela zufrieden. »Und wie soll sie nun heißen?«

Die Mädchen plappern durcheinander, als sie zum Stall zurückgehen. Dort schreiben sie alle Namensvorschläge auf die Tafel neben der Tür.

Simone, Samba, Silla, Singo, Sally,
Samanta . . . Die Liste wird endlos lang. Aber
keiner der Namen, die sie sich ausgedacht
haben, passt richtig.

»Glücklicherweise müssen wir das nicht heute
entscheiden«, beruhigt Ingela sie. »Dem Fohlen
und Samira ist es egal.«

Die Mädchen sind aufgedreht. Die Sonne
scheint und sie setzen sich auf den Hügel vor
dem Stall. Ingela hat zur Feier des Tages ein
kleines Geburtstagspicknick organisiert und
einen Sandkuchen gebacken.

»Wenn das kein Grund
zum Feiern ist«, sagt
sie, »dass der
Reitstall heute ein
neues Pony
bekommen hat!«

Von ihrem Picknickplatz
aus haben sie die Weide
gut im Blick. Das Gras

wird immer grüner. Ab heute Abend bleiben die Ponys auch nachts draußen.

»Das wird ihnen gefallen«, sagt Ingela. »Endlich haben sie ihre Freiheit wieder nach dem langen Winter im Stall.«

Elina blinzelt in die Sonne. Sie hält nach Billie Ausschau, der mit den anderen Pferden am anderen Ende der Weide steht. »Haben wir noch Zeit zum Reiten?«, erkundigt Elina sich.

»Klar haben wir Zeit«, sagt Ingela entspannt.

»Viel Gelegenheit haben wir ja nicht mehr vor den Ferien.«

Elina seufzt. Der Gedanke, dass bald die Sommerferien anfangen, bedrückt sie. Sie kann sich die Frage nicht verkneifen. »Und was wird aus dem Reitlager? Dürfen wir mit?«

»Das ist nicht so einfach.« Ingela sieht plötzlich sehr ernst aus. Elina schießen Tränen in die Augen. Sie ist sich ziemlich sicher, was Ingela jetzt sagen wird.

»Ich habe euch gesagt, dass ihr euch trauen

müsst, alleine zu reiten«, fährt Ingela fort. »Das klappt meistens schon ganz gut, aber eben nicht immer.«

Elina kann Billie vor lauter Tränen kaum noch sehen.

»Darum haben die großen Mädchen und ich uns zusammengesetzt«, sagt Ingela.

Elina begreift nicht, wieso Ingela und die großen Mädchen so fröhlich aussehen.

»Wenn euch das Reitlager wirklich so wichtig ist, sind Josie, Sara, Jenny und Linda bereit, euch zu helfen. Das wäre sozusagen ihr Sommerjob.«

»Müssen wir uns dann auch das Pony mit ihnen teilen?«

Elina kann sich die Frage nicht verkneifen. Es ist schließlich ihr größter Wunsch, Billie ganz für sich alleine zu haben.

»Das fändest du wohl nicht sehr lustig?« Ingela lächelt Elina an, die energisch den Kopf schüttelt. Nein, das fände sie überhaupt nicht lustig.

»Es wird alles so sein wie in einem richtigen Reitlager. Jede von euch hat ein Pony, das sie die ganze Woche reitet und pflegt. Wir reiten jeden Tag auf der Reitbahn und im Wald. Und die großen Mädchen werden euch so viel helfen, wie es nötig ist.«

Elina, Hanna, Matilda und Agnes fangen vor Begeisterung an, über den Hügel zu tanzen.

»Heißt das, ihr seid einverstanden?«, fragt Ingela.

»Ja!« Natürlich sind sie einverstanden.

Matilda erwähnt mit keiner Silbe mehr, dass sie mit dem Reiten aufhören will. Sie ist genauso aufgeregt wie die anderen und bombardiert Ingela mit Fragen.

»Dann willst du also doch weiterreiten?«, fragt Ingela. – »Klar«, antwortet Matilda.

»Du hast aber doch gesagt, dass du aufhören willst«, erinnert Elina sie.

»Das war vor dem Fohlen und allem anderen«, sagt Matilda und lacht.

Elina und Matilda gehen zusammen zur Weide, um die Ponys zu holen. Sie sind sich einig, dass die Ponys das Wichtigste auf der Welt sind.

»Bin ich froh, dass du nicht aufhörst.« Elina greift nach Matildas Hand.

»Ich auch«, sagt Matilda.

»Ich kann es kaum noch erwarten.«

Elina begrüßt Billie. Bald werden sie eine ganze Woche zusammen sein. Zumindest hat Ingela nicht gesagt, dass sie Billie nicht bekommt, oder?

»Dann probieren wir alles aus«, flüstert Elina in Billies Ohr. »Galopp und Springen und Baden und Ausreiten.«

»Beeil dich, Elina«, ruft Matilda. »Sonst bleibt keine Zeit mehr zum Reiten.«

Lin Hallberg

Alle lieben Billie (1)

Elina ist überglücklich: Sie darf auf Billie reiten, dem süßesten und liebsten Shetlandpony auf dem Reiterhof. Aber Billie hat auch einen ganz schönen Dickkopf. Immer will er der Erste und der Schnellste sein! Da ist Reiten manchmal gar nicht so einfach, vor allem, wenn man es erst noch lernen muss. Zum Glück hat Elina jede Menge Mut!

Mit Illustrationen
von Margareta Nordqvist

Arena

128 Seiten • Gebunden
ISBN 978-3-401-45451-1
www.arena-verlag.de

Lin Hallberg

Frechdachs Billie, liebster Freund (2)

Große Aufregung auf dem Reiterhof! Elina und ihre Ponyfreundinnen üben eifrig für das große Fest. Endlich können sie zeigen, was sie gelernt haben! Natürlich möchte Elina auf Billie, ihrem Lieblingspony, reiten. Aber Billie ist ziemlich frech – und manchmal auch ein bisschen wild! Ist Elina wirklich schon gut genug, um die Quadrille auf ihrem heißgeliebten Frechdachs zu reiten?

Arena

Mit Illustrationen
von Margareta Nordqvist

128 Seiten • Gebunden
ISBN 978-3-401-45452-8
www.arena-verlag.de

Lin Hallberg

Du schaffst das, Billie (3)

Elina ist total aufgeregt: Bald findet das große Reitturnier statt – und sie darf dabei sein! Aber Billie, das freche Shetland-Pony, hat seinen eigenen Kopf. Wenn er nach rechts laufen soll, geht er nach links. Und auch auf Galoppieren und Springen hat Billie manchmal einfach keine Lust. Ob das beim Turnier wohl gut geht?

Mit Illustrationen
von Margareta Nordqvist

Arena

128 Seiten • Gebunden
ISBN 978-3-401-45455-9
www.arena-verlag.de

Lin Hallberg

Neue Freunde für Billie (7)

Wer ist das neue Mädchen auf dem Ponyhof? Sie heißt Rosanna und Elina findet
sie sofort blöd. Denn Rosanna will die ganze Zeit nur auf Elinas Lieblingspony
reiten: Billie! Als alle zusammen auf dem Hof Halloween feiern, merkt Elina, dass
Rosanna eigentlich ganz nett ist. Aber wie wird Billie auf Elinas neue Freundin
reagieren?

Arena

Mit Illustrationen
von Margareta Nordqvist

144 Seiten • Gebunden
ISBN 978-3-401-45453-5
www.arena-verlag.de

Lin Hallberg

Billie
Mein liebstes Pony-Mal- und Rätselbuch

Billie und seine Pony-Freunde galoppieren über die Wiese. Welches ist der schnellste Weg zum Stall? Wie viele gescheckte Ponys sind auf der Weide? Und welche Kleidungsstücke zieht man zum Reiten an? Fröhlich-bunte Malvorlagen, Rätsel und Sticker lassen Reiterherzen höher schlagen. So lernen Ponymädchen ganz nebenbei alles über ihre Lieblingsvierbeiner.

Mit Illustrationen
von Margareta Nordqvist

Arena

24 Seiten • Broschur
Mit Stickerbogen mit über 40 Stickern
ISBN 978-3-401-45463-4
www.arena-verlag.de